❶ 建筑思想

风水与建筑
礼制与建筑
象征与建筑
龙文化与建筑

❷ 建筑元素

屋顶
门
窗
脊饰
斗栱
台基
中国传统家具
建筑琉璃
江南包袱彩画

❸ 宫殿建筑

北京故宫
沈阳故宫

❹ 礼制建筑

北京天坛
泰山岱庙
闾山北镇庙
东山关帝庙
文庙建筑
龙母祖庙
解州关帝庙
广州南海神庙
徽州祠堂

❺ 宗教建筑

普陀山佛寺
江陵三观
武当山道教宫观
九华山寺庙建筑
天龙山石窟
云冈石窟
青海同仁藏传佛教寺院
承德外八庙
朔州古刹崇福寺
大同华严寺
晋阳佛寺
北岳恒山与悬空寺
晋祠
云南傣族寺院与佛塔
佛塔与塔刹
青海瞿昙寺
千山寺观
藏传佛塔与寺庙建筑装饰
泉州开元寺
广州光孝寺
五台山佛光寺
五台山显通寺

❻ 古城镇

中国古城
宋城赣州
古城平遥
凤凰古城
古城常熟
古城泉州
越中建筑
蓬莱水城
明代沿海抗倭城堡
赵家堡
周庄
鼓浪屿
浙西南古镇廿八都

筑境
中国营造史筑100

⑦ 古村落

- 浙江新叶村
- 采石矶
- 侗寨建筑
- 徽州乡土村落
- 韩城党家村
- 唐模水街村
- 佛山东华里
- 军事村落—张壁
- 泸沽湖畔"女儿国"—洛水村

⑧ 民居建筑

- 北京四合院
- 苏州民居
- 黟县民居
- 赣南围屋
- 大理白族民居
- 丽江纳西族民居
- 石库门里弄民居
- 喀什民居
- 福建土楼精华—华安二宜楼

⑨ 陵墓建筑

- 明十三陵
- 清东陵
- 关外三陵

⑩ 园林建筑

- 皇家苑囿
- 承德避暑山庄
- 文人园林
- 岭南园林
- 造园堆山
- 网师园
- 平湖莫氏庄园

⑪ 书院与会馆

- 书院建筑
- 岳麓书院
- 江西三大书院
- 陈氏书院
- 西泠印社
- 会馆建筑

⑫ 其他

- 楼阁建筑
- 塔
- 安徽古塔
- 应县木塔
- 中国的亭
- 闽桥
- 绍兴石桥
- 牌坊

筑境

中国精致建筑10

泰山岱庙

刘畅 杨文强 蔡孟璇 摄影

中国建筑工业出版社

出版说明

中国是一个地大物博、历史悠久的文明古国。自历史的脚步迈入新世纪大门以来,她越来越成为世人瞩目的焦点,正不断向世人绽放她历史上曾具有的魅力和光辉异彩。当代中国的经济腾飞、古代中国的文化瑰宝,都已成了世人热衷研究和深入了解的课题。

作为国家级科技出版单位——中国建筑工业出版社60年来始终以弘扬和传承中华民族优秀的建筑文化,推动和传播中国建筑技术进步与发展,向世界介绍和展示中国从古至今的建设成就为己任,并用行动践行着"弘扬中华文化,增强中华文化国际影响力"的使命。从20世纪80年代开始,中国建筑工业出版社就非常重视与海内外同仁进行建筑文化交流与合作,并策划、组织编撰、出版了一系列反映我中华传统建筑风貌的学术画册和学术著作,并在海内外产生了重大影响。

"中国精致建筑100"是中国建筑工业出版社与台湾锦绣出版事业股份有限公司策划,由中国建筑工业出版社组织国内百余位专家学者和摄影专家不惮繁杂,对遍布全国有历史意义的、有代表性的传统建筑进行认真考察和潜心研究,并按建筑思想、建筑元素、宫殿建筑、礼制建筑、宗教建筑、古城镇、古村落、民居建筑、陵墓建筑、园林建筑、书院与会馆等建筑专题与类别,历经数年系统科学地梳理、编撰而成。本套图书按专题分册,就其历史背景、建筑风格、建筑特征、建筑文化,结合精美图照和线图撰写。全套100册、文约200万字、图照6000余幅。

这套图书内容精练、文字通俗、图文并茂、设计考究,是适合海内外读者轻松阅读、便于携带的专业与文化并蓄的普及性读物。目的是让更多的热爱中华文化的人,更全面地欣赏和认识中国传统建筑特有的丰姿、独特的设计手法、精湛的建造技艺,及其绝妙的细部处理,并为世界建筑界记录下可资回味的建筑文化遗产,为海内外读者打开一扇建筑知识和艺术的大门。

这套图书将以中、英文两种文版推出,可供广大中外古建筑之研究者、爱好者、旅游者阅读和珍藏。

目录

007　一、古老的山神庙

013　二、俨然帝居的神宫

019　三、气势恢宏的神殿

027　四、庙宇壁画的杰作

037　五、匠心独运的牌坊

043　六、寄意多彩的重门

049　七、庙前望祭的参亭

055　八、庙中的御用行宫

063　九、万代瞻仰的碑刻

073　十、阅尽沧桑的古树

081　十一、朝山告天的祭器

089　大事年表

泰山岱庙

中国有句古语，叫作"有眼不识泰山"，上到皇帝，下到百姓，都不敢藐视泰山。历代帝王不惜千里迢迢来泰山封禅祭祀，汉武帝来了八次，乾隆来了十一次；布衣庶民则年复一年地到泰山进香朝拜。泰山是神山，泰山是圣山。

人类对大山的崇拜，在世界各民族中都有着一定的历史渊源，但像泰山那样受到历代最高统治者的尊崇和膜拜，且时间延续几千年，实为世界所罕见。高耸雄伟的形体特征、理想富殖的生态环境、变化莫测的气候物象，造就了泰山崇拜外在的客观基础，而优越的地理优势以及悠久灿烂的史前文化和独树一帜的齐鲁文化，成就了泰山五岳独尊丰厚的历史内涵。泰山是伟大中华民族历史的见证。泰山这个"大文物"在中华文明史上有着特殊的地位，泰山是中国历史名山。

泰山祭祀由来已久，《尚书·舜典》就有"岁二月，东巡狩，至于岱宗，柴。望秩于山川"的记述。说舜在春季的二月，要到岱宗——泰山"燔柴祭天告成"，尔后秩次巡狩南岳、西岳、北岳诸山，且要五年一个周期复秩次之礼。我国历史上特殊的祭祀典礼——封禅，就是由这种巡狩制度发展而来。所谓封禅，特指帝王在泰山所举行的封以祭天，禅以礼地的祭祀大典，是泰山崇拜的特殊形态。它以功成受命为核心，天人感应为特征，构筑起一代帝王将兴之时的一种命定论模式。司马迁在《史记》中曾列《封

图0-1 泰山·上图
位于山东省中部，东经117°6'，北纬36°16'，海拔1545米，1982年被国务院公布为第一批国家重点风景名胜区；1987年被联合国教科文组织列为世界自然与文化遗产名录。

图0-2 岱庙·下图
位于泰山南麓，今泰安市城区的东北部，是泰山最大的古代建筑群，南北长406米，东西宽237米，占地面积96322平方米。

禅书》篇专述古封禅之事。可以说，史前时期，海岱地区的太阳神崇拜，孕育了泰山神的雏形，泰山封禅说的出现，使泰山神成为上天与人间沟通的使者，成为帝王受命于天，治理天下的保护神。秦汉以降，泰山神的影响逐渐渗透到社会各阶层，进入人们的日常生活之中，于是泰山神作为阴阳相代，万物始生的神灵，从保国安民、主生长寿引申出召人魂魄、统摄鬼神的功能。至此，泰山神成为上可安邦治国平天下，下可福禄康寿乐家园的万能神明，故历代均重泰山神祀，尤其唐宋之后，全国各地均建有不同规模的东岳庙。

岱庙，为泰山神——东岳大帝的正庙，是供奉泰山神灵，举行祭祀大典的地方。岱庙，又称岱宗庙、泰庙、岱岳庙、东岳庙等，皆因泰山而名。又因岱庙是帝王祭祀泰山的庙宇，所以又叫做天子庙。由于岱庙祭祀是"望秩之定制"，故历代敕建不绝，并以中国历史上最高形制的建筑规格来营造泰山神宫，这在中国的神祠建筑中是绝无仅有的。如果说，泰山神已是帝王化了的神，那么不妨说，岱庙是皇宫威仪化了的庙，处处体现出一种皇家的威严和气派。

在古代，岱庙有上、中、下三庙。其上庙及中庙现均已无存。本文所说的岱庙，即古之下庙，位于泰山主峰——玉皇顶的南麓，泰安城的北部，南连通天街，后接红门路，坐落在古代御道的南北轴线上。"僚墙外周，罘罳分翼，岿然如青都紫极。"现在基本保留了宋代的庙制，城墙高筑，殿宇错落，古木参天，碑刻林立。岱庙成为泰山延续时间最长、规模最大、保存最为完好的古建筑群；同时也是中国最高规格的神祠建筑。岱庙为全国重点文物保护单位，并辟为泰安市博物馆。

一、古老的山神庙

《搜神记》有这样一则故事,是说周文王曾在梦中见到一位美丽的少妇——泰山之女,其嫁为东海妇,欲归不能而当道哭泣。文王问其故,方知其行必有暴风疾雨,而归途需经当时为任灌坛令的姜太公之地,她不愿废太公之德而难以回归。周文王因太公有德感于泰山之女,乃拜其为大司马。故事毕竟是故事,不过可知泰山神的影响很大。泰山神一向被看作山川之神的王者,尤其是历代帝王将泰山祭祀列为国之定制,故东岳神屡受褒封,从"王"到"帝",显示出皇权高于一切的政治特点。

有神就要有庙,以供奉和祭祀神灵,庙是人与神沟通的地方。那么,泰山神祠始于何时?文献记载及考古发掘已证实了明代人李贤的论断。他说:"三代以前不过为坛而祭之,如周制四坎坛(一种祭四方的形式,四方各为一坎一坛),祭山林丘陵于坛是也。秦汉以来有神仙封禅之事,于是有祠庙之设。"(《岱史》卷九)

图1-1 岱庙《大宋天贶殿碑铭并序》/刘湘顺
铭文云:岱庙"辉景下烛,秦既作畤;珍瑞云获,汉亦起宫。"

1961年12月28日,在西安西郊阿房宫遗址的北部,出土了一批西汉时的铜器,其中有一铭文为"泰山宫"的铜鼎。泰山宫鼎的发现,曾引起考古界的关注,认为此鼎乃是泰山庙的原物,后调入上林苑中。泰山宫鼎能从泰山调入汉宫上林苑,不能不说当时泰山宫在全国的影响之大。古文献及碑刻也记述了汉代泰山庙的存在。《汉书·地理志》云:博县有泰山庙。在众多的文献中,以郦道元《水经注》所引《从征记》记述最为详细:"太山有上、中、下三庙。"而我们所说的岱庙即为之下庙,"墙阙严整,庙中柏树夹两阶,大二十余围,盖汉武所植也。"如果结合东汉应劭《风俗通义》中对汉代岱宗庙的记述,与《从征记》所述的位置相当。参考《史记·封禅书》汉武帝曾"郡国各除道,缮治宫观名山神祠所"的史料,岱庙应当是汉武帝所建的名山神祠,这个神祠也就是所谓的泰山宫。

既然泰山是中国的神山、圣山,那么其神祠也就非同寻常。《水经注》引《从征记》说:岱庙"墙阙严整,……门阁三重,楼榭四所,三层坛一所,高丈余,广八尺"。这是有关岱庙规模的最早记载。在晋干宝的《搜神记》中,也有"宫室威仪甚严"的记述。隋开皇十五年(595年),文帝巡次泰山,曾"饰神庙,展宫悬于庭"。唐开元十三年(725年)玄宗东封泰山,封泰山神为"天齐王","令所管崇饰祠庙"。宋大中祥符元年(1008年),真宗封泰山,诏建天贶殿;徽宗宣和四年(1122年)又重修岱庙,"凡为殿、寝、

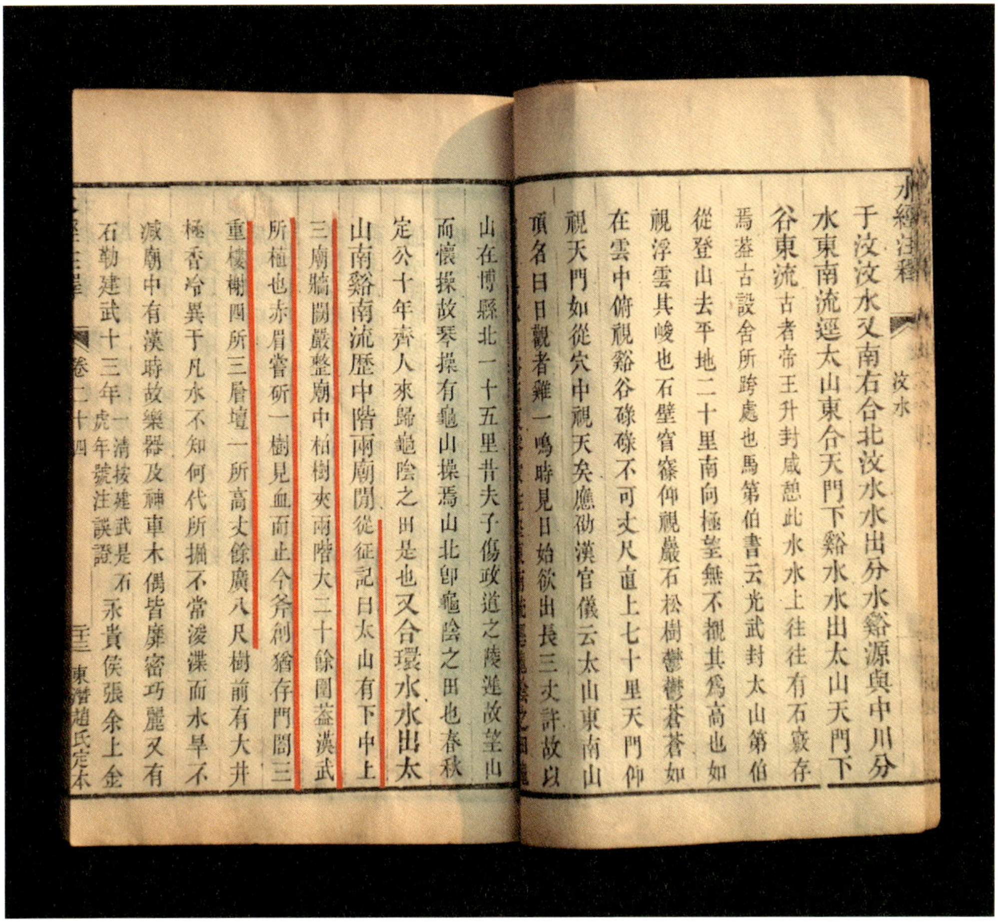

水經注釋 汶水

于汶汶水又南右合北汶水水出分水谿源與中川分
水東南流逕太山東合天門下谿水水出太山天門下
谷東流古者帝王升封咸憩此水水上往往有石窾存
焉蓋古設舍所跨處也馬第伯書云光武封太山第伯
從登山去平地二十里南向極望無不覩其為高也如
視浮雲其峻也石壁窅窱仰視巖石松樹鬱鬱蒼蒼如
在雲中俯視谿谷碌碌不可丈尺直上七十里天門仰
視天門如從穴中視天矣應劭漢官儀云太山東南山
頂名日日觀者雞一鳴時見日始欲出長三丈許故以

山在博縣北一十五里昔夫子傷政道之陵遲故望山
而懷操故琴操有龜山操焉山北即龜陰之田也春秋
定公十年齊人來歸龜陰之田是也又合環水水出太
山南谿南流歷中階兩廟閒從征記曰太山有下中上
三廟牆闕嚴整廟中柏樹夾兩階大二十餘圍蓋漢武
所植也赤眉嘗斫一樹見血而止今斧創猶存門閣三
重樓榭四所三層壇一所高丈餘廣八尺樹前有大井
極香冷異于凡水不知何代所掘不常湲渫而水旱不
減廟中有漢時故樂器及神車木偶皆靡密巧麗又有
石勒建武十三年一清按建武是石虎年號注誤證永貴侯張余上金

水經注釋 卷二十四 三 東潛趙氏定本

图1-2 《水经注》引文

北魏郦道元所著《水经注》引《从征记》云："太山有上、中、下三庙"，下庙即今之岱庙，"墙阙严整，庙中柏树夹两阶，大二十余围，盖汉武所植也……"

堂、阁、门、亭、库、馆、楼、观、廊、庑合八百一十有三楹。"形成历史最大规模,后世基本沿用其庙制。现在的岱庙大致保留了宋代的庙制,泰山神祠自创建至今,已有两千多年的历史了。

习惯上,人们一般将岱庙列入道教的范围。其实早在道教产生之前,作为泰山神的祠宇就早已存在,确切地说它是按传统的礼制模式来营造的庙宇,所采取的是帝王之居的形制。只是泰山神的影响实在是太大了,道教便把它拉了去。可以说,在中国的诸神中,还没有一位神祇能像东岳大帝那样受到最高统治者如此礼遇,而在中国的神祠建筑中,也没有像岱庙那样建筑规格如此之高,且历史延续如此之长。

泰山神,一位幸运的山川之神;岱庙,一座古老的山神庙。

二、俨然帝居的神宫

图2-1 岱庙鸟瞰图
岱庙城墙高筑,辟门凡八,主要建筑正阳门、配天门、仁安门、天贶殿、后寝宫、厚载门依次坐落于中轴线上。

凡去过北京故宫的人,在岱庙会有一种似曾相识的感觉。因为,岱庙是帝王之居的神宫,正所谓《岱史》卷九所云:"朱堞金扉,龙楹螭殿,罘罳象巍,俨然帝居。"

以帝王之居的宫城形制及传统的礼制模式来营造岱庙,至迟是宋代以来所严格遵守的基本原则。岱庙按轴线对称的形式来布局,以一条南北向纵轴把众多的主要建筑依次排列在这一轴线上,其他建筑对称其左右两侧,其空间序列也是按轴线的纵深发展逐一展开的。四周城墙高筑,四角设角楼。岱庙之前有遥参亭,可以看做岱庙的第一门户。出遥参亭过岱庙坊,

图2-2 后寝宫
宋真宗封泰山神为"天齐仁圣帝",有帝便有后,于是诏封淑明皇后,建宫以祭。寝宫位于天贶殿之后,保持着前朝后寝的建筑制度。

正阳门、配天门、仁安门、天贶殿、后寝宫、厚载门依次坐落在纵轴线上。在轴线的两侧，分别对称有炳灵院（汉柏院）、延禧院（唐槐院）、鼓楼、钟楼、东寝宫、西寝宫等。岱庙的主体建筑——天贶殿坐落在轴线偏后的高大台基之上。大殿东西两侧引出环廊，合围于仁安门东西两侧，组成一个主体建筑突出，前后呼应而相对独立的方整廊院。这是岱庙的中心，也正是这个院落，又将"内寝"三宫与外部隔开，完全是中国宫殿的"前朝后寝"的格局。

从正阳门到厚载门，主要建筑排列有序，且随地势逐渐升高而依次递升。围绕这一中轴，两侧对称的建筑，又将空间分割为不同的庭院，方正划一，庄严肃穆。大殿处于中轴线的最高处——三层台基之上，给人以巍然矗立之感，满足了"择中而宫"、"以高为贵"的礼制要求。加上两翼次要建筑的对比、衬托，形成一个既统一又主从关系分明的整体。还值得注意的是岱庙中轴的设计，前接通天街，后连登山盘路，因山就势又平添了一种庄严感。另外，红墙黄瓦在中国古代建筑中，是权力的象征，尤其是金黄色，几乎成为皇家宫殿的专用色，里面包含着严格的等级制度。岱庙中轴线上的建筑及两侧主要建筑，都是覆以黄色琉璃瓦，墙面涂以红色，同样显示出东岳神宫的至尊形制。

图2-3 巽楼

城墙角楼之一。岱庙城墙四角均有楼,东南曰巽楼,东北曰艮楼,西南曰坤楼,西北曰乾楼。

从岱庙的空间特点看，在天贶殿之前，建筑布局疏朗，气势雄伟。而大殿之后，相对密集，趋于纤巧，体现了一种刚柔的对比。如果说，自正阳门进，体现的是一种豪放的气势，那入得后院则显示出了一种敛收的秀气。刚柔相济，抑扬顿挫，别有韵律。在岱庙城垣诸门的设置上也体现了一种动静秩序。南辟五门，突出了南面的"放"，而显示出"动"而其他三面均各辟一门，强调"闭"，而显示出"静"。在其称谓上，也是阴阳相济。正阳对厚载，东华对西华，钟楼对鼓楼。阴阳表现在数目之中，奇数为阳，偶数为阴。南面五门，其他每面各一，均是阳数，而四面之合就是阴数。从中轴线的主体建筑看，殿前三门，殿后一宫一门均是奇数。而轴线两侧院落对称又是偶数。这种阴阳关系还表现于各殿、堂、门的开间、台级及垂带踏跺上。可谓以阳为主，阳中有阴，阴中存阳，阴阳化合，无所不在。另外，岱庙的相地选址、色彩装饰，也与传统的阴阳五行观念有联系。可以说，岱庙是几千年传统文化的结晶。

三、气势恢宏的神殿

按照正统的说法,"天齐"的古意是天之中心的意思,故清代学者赵翼曾讥讽唐玄宗、宋真宗不解"天齐"之本义,而封泰山神"天齐王"、"仁圣天齐王"、"天齐仁圣帝",将"天齐"误以为"峻极于天之意"。尽管如此,也应当理解这两位皇帝对泰山神崇奉的一片苦心。尤其是这"峻极于天"倒也符合泰山神殿巍峨的特点。在明清之时,其神殿——天贶殿就称作峻极殿。

天贶殿是岱庙的主体建筑,人们一般将其与北京紫禁城的太和殿、曲阜孔庙的大成殿合称为中国古代的三大宫殿式建筑。中国古代重礼制,无论尊卑名分都有严格的等级秩序。天贶殿采用的便是中国古代建筑中最高规格的形制,即按"九五"之制及重檐庑殿顶形式来建造的。所谓的"九五"之制,就是开间为九,进深为五的制度,以这两个数组合的大殿在古代建筑中是慎重使用的,一般只有宫殿的正殿才能使用。所谓重檐庑殿顶,也就是《考工记》所称的"四阿重屋"。这种形制一直到清代,仍然为建筑中最高等级的殿顶。也可以这样说,岱庙的天贶殿和北京故宫的太和殿也就是所谓的金銮殿,是同样形制的大殿(太和殿清康熙年间重修时才改为十一间)。

在民众的眼里,天贶殿就如同皇宫的金銮殿。泰山流传有这样一个传说:在遥远的年代,岱庙只是个小庙,年久失修,道士化缘来修庙的钱被人偷了。一日道士梦泰山神命他去京城为皇姑治病,并给他三包香灰药。道士进

京,果然治好了皇姑的病。在金銮殿上皇帝要奖赏他金银绸缎,他却不要。皇帝问他想要什么,他说:"我是泰山神庙的道士,只求皇上给泰山神修一座庙宇。"皇帝问:"你想修个什么样的?"道士说:"我看你这殿怪好看,就修这个样的吧。"皇帝说:"可以修这样的大殿,但得比金銮殿矮三砖。"民间编造的这个故事,说明岱庙的规格比皇宫大殿仅一步之差而已。不过,在岱庙的大殿中,皇帝却要向泰山神行君臣大礼。在这里,皇帝龙袍补服要跪拜泰山神,行三献之礼。即皇帝入殿,先于香案前举炷香并安香,三上瓣香,尔后行二跪六叩礼。皇帝再跪,三叩礼,再行亚献、终献之礼,皇帝又二跪六叩。在皇帝行礼之始,乐奏折丰之章,初献时奏华丰之章,终献时奏仪丰之章、和丰之章、锡丰之章。三献,是古代

图3-1 天贶殿全景
是岱庙的主体建筑,内祀东岳泰山之神。贶,即恩赐的意思。大殿坐落于岱庙中后部的高大台基之上,前有宽大露台,周置石栏。《水浒传》第七十四回所云燕青打擂"智朴擎天柱",即在大殿前大露台上。

图3-2 天贶殿近景/后顶

祭祀天地的大礼。陈列祭品要三献酒，即初献爵、亚献爵、终献爵，谓之三献。

天贶殿始建于宋大中祥符年间，元代重修时改称仁安殿，明重修后更名为峻极殿，民国初复称天贶殿。大殿通高22.30米，东西宽48.67米。六柱五架梁，顶覆黄色琉璃瓦，殿内外彩绘均施以龙纹。殿中神龛内所祀泰山神——东岳大帝，手持玉圭，冕冠九旒，正襟端坐，俨然帝王模样。现神龛前悬有清康熙二十三年（1684年）所赐"配天作镇"及清乾

图3-3 泰山神——东岳大帝

祀于天贶殿正中神龛内。泰山神缘起于太阳崇拜、东方崇拜，被尊为上可治国安邦，下能使人福寿安康的神灵，故备受历代帝王所尊崇。

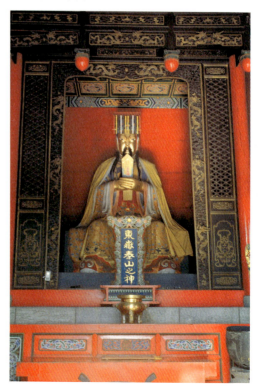

图3-4 殿内正间藻井（上图）
天贶殿彩绘纹饰皆以龙纹为主。殿内顶部藻井及天花板均绘金色升龙，藻井斗栱精致，彩绘富丽。"配天作镇"匾额，即康熙祭祀岱庙时所赐。

图3-5 天贶殿檐下及斗栱彩绘（下图）

图3-6 御碑亭
碑亭于殿前东西两侧。建于清乾隆年间,亭内置乾隆泰山岱庙诗。大殿与小亭的大与小对比效果,常是人们谈论的话题。

隆十三年(1748年)所赐"大德曰生"两匾。殿的东西北三壁绘有著名的《启跸回銮图》。泰山神与帝王同一殿制这在中国寺庙建筑中尚不多见,完全是适应泰山神"帝"的身份而设计的。

在帝制时代的社会,岱庙的存在是一种君权神授的象征,泰山神仅仅是由皇帝专揽的神灵,只是后来才逐渐向民间扩展,故岱庙谓之天子庙。

四、庙宇壁画的杰作

相传岱庙大殿建好后，需要画一幅有关泰山神的壁画。宋真宗悬赏招募天下画家来为泰山神作像，但都不尽真宗之意而被杀。后来，一名聪明的画家，仿照真宗东封泰山时的情景完成了壁画的创作。真宗非常高兴，重赏了这个画家，并将其画绘在了天贶殿内。这个传说有一个文化信息很值得注意，就是统治者是按自己的形象来塑造泰山神的，事实上在现存的壁画中就保存了这一特点。天贶殿是中国最高规格的神祠，而殿内的巨幅壁画，又为其锦上添花。

《启跸回銮图》绘于大殿内东、西、北三面墙壁上。自殿的后门为界，东为"启跸"，西为"回銮"，总长62米，高3.30米，表现了泰山神出巡的宏大场面。在"启跸"图中，以泰山神巡行的队伍为中心，后有宫廷侍者、卫士及学士恭送出行，前有地方官员迎驾。在浩浩荡荡的巡行队伍中，泰山神——东岳大帝不失帝王风度，身着青边黄袍，头戴冕旒，手持玉圭，端坐于玉辂之中。文武官员前呼后拥，祥兽瑞物一应俱全，其仪卫队伍也井然有序。其场面之壮观，非天子巡狩所能有。"回銮"图基本类似"启跸"图的布局，仍以东岳大帝巡行队伍为中心内容，后有地方官员恭送，前有宫廷官员、侍卫簇拥，其回宫队伍文仪武卫如

图4-1 泰山神启跸图（局部）
泰山神乘四轮六马玉辂，端坐于黄幄之中，其随从前呼后拥，浩浩荡荡。

庙宇壁画的杰作

泰山岱庙

图4-2 启跸图中随从仪仗（局部）

出巡图,但增加了夜叉抬虎、骆驼负画轴,以示出巡成功的场面,且有乐队仪仗迎驾。整个画面疏密相间,有条不紊,尤其是人物形象个性突出,形神兼备。《宋史·仪卫》载:"文谓之仪,武谓之卫。"以帝王之姿作像,以天子仪卫出巡,足以使泰山神显露出帝王气派。

天贶殿壁画,始绘于北宋初年。从表现手法上看,天贶殿壁画与文献记载中的中岳嵩山庙壁画"入队"、"出队"的形式一致;从其人物较小,并安排有大面积山水树木的特点来看,与宋代萧照的《中兴瑞应图》相似;并考其壁画所反映的仪卫制度,也大致与《宋史·仪卫》记载相当,均可以说明其壁画为

图4-3 启跸图中的炳灵王
神话中的泰山神第三子,俗称"泰山三郎"。宋真宗大中祥符元年(1008年)封禅毕,加封"至圣炳灵王"。现岱庙汉柏院即清炳灵王殿址。

图4-4 启跸图中的延禧真人
唐开元年间,玄宗敕五岳各置真君祠,东岳祀延禧真人,现岱庙唐槐院即延禧真人殿址。

泰山岱庙 | 庙宇壁画的杰作

图4-5 回銮图中的泰山神

图4-6 回銮图中的鼓乐仪仗（局部）

宋代所创。只是由于经历了漫长的岁月，或兵乱，或庙火，或震灾，天贶殿多有重修，也使得壁画屡经重绘，融进了不同时代的风尚，尤其是在阁楼等建筑物的表现手法上，出现了清初才传入中国的西洋画的透视画法。但壁画的主体构图及人物刻画，仍保存了宋代的风格，不失为我国壁画史上的一件杰作。

五、匠心独运的牌坊

图5-1 遥参坊
位于遥参亭前,古御道通天街终端的双龙池北,是泰山的第一坊。

在中国的传统建筑中,无论就其实用功能,还是表现形式,牌坊恐怕是最具装饰性的了。岱庙有两座牌坊,一在遥参亭前,一在正阳门前。前者名遥参坊,后者名岱庙坊。

遥参坊,建于清乾隆三十五年(1770年),四柱三间,为冲天式牌坊,通高5.80米,宽9米,建于长9.60米、宽2.90米、高0.60米的台基之上。额题"遥参亭"三个大字,龙门枋上正中饰火焰纹宝珠。四柱上部施云板,顶端立"望天吼"兽。石坊与华表结合,是清代牌坊的特殊形制。

岱庙坊,又称东岳坊,建于清康熙十一年(1672年)。四柱三间三楼,通高11.30米,宽9.80米。四柱分别立于两个长3.30米、宽

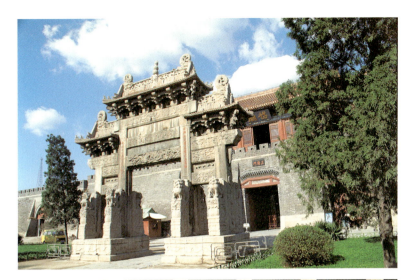

图5-2 岱庙坊/上图
位于岱庙正阳门与遥参亭后门之间，
以建筑体量大、雕刻精美著称。

图5-3 岱庙坊局部/下图

图5-4 岱庙坊石狮

3.15米、高0.80米的石座上。四柱下部前后施滚墩夹杆石,雌雄狮分列于滚墩石上,头朝内,而众多的小狮子或立或卧,戏耍于大狮子的脚下,有的竟勾连于大狮子头部与夹杆石之间。群狮造型生动活泼,尤其是小狮子甚是可爱。石坊中柱前后均雕有楹联。中柱小额枋透雕双龙戏珠,龙门枋浮雕丹凤朝阳。坊正楼歇山顶,正脊两端施高大螭吻,中立宝瓶,并有四金刚拉拽。中柱与边柱的大小额枋浮雕麒麟、仙鹤等祥瑞图,边柱外浮雕升龙。

遥参坊以结构简洁、造型雄健见长。岱庙坊则以结构浑厚、造型凝重为特点。这两座牌坊在泰山占有很重要的地位。遥参坊是泰山

图5-5 岱庙坊的设置
岱庙坊的设置,在有限的距离内,增加了空间的进深感。

古登封御道的第一座高架建筑；而岱庙坊则是泰山十几座牌坊中尺度最大，雕刻工艺最为精美的一座牌坊。传说在建这座牌坊时，因坊太高且构件过重难以构筑，是在鲁班神灵的指点下，以堆土法安架好梁枋的。鲁班是否显灵于此，是不会有人顾及的，这反映的乃是中国古代匠师的聪明才智。

最值得称道的是这两座牌坊在岱庙整体布局中的空间调整作用。遥参坊在遥参亭的山门前，在空间上增加了遥参亭的纵深感，加上牌坊采用的是冲天式华表柱，并在一定高度的台阶之上，挺拔高耸，增强了门前的气势。岱庙坊位于遥参亭后门与岱庙正阳门之间，它将遥参亭与岱庙间的空间划分为二，是出遥参进岱庙的过渡。从整体上说，两个牌坊增加了轴线的纵深布局，使空间层次增多，更富于变化。从而加强了庄严、肃穆气氛，这对岱庙这座帝王宫殿式的神祠来说，无疑又平添了一份神圣感。

六、寄意多彩的重门

在中国古代建筑群中,无论是宫殿还是庙宇,一道又一道的门给人的印象是最深刻不过的。所谓"深宅"、"深宫"之"深"的感受几乎就是由门的艺术来完成的。一般而言,门有分隔内外,便于出入及有利于防卫的基本功能。但在岱庙这种礼制建筑中,门更多地体现了它的象征性意义。

岱庙周以城墙,城门有八个之多,而于庙内,在进入正殿——天贶殿前还有两座独立设置的配天和仁安两门。配天门,位于正阳门后,面阔五间,歇山顶,上覆黄色琉璃瓦。配天门后为仁安门,也是面阔五间,歇山顶,上覆黄色琉璃瓦。这样的设置,像众多的礼制建筑一样,与传统的"门堂之制"有关。有趣的是在这些门的命名上,洋溢着多姿多彩的用心。

岱庙南辟五门,正中是正阳门,与北京故宫正门同名。门上有楼,曰"五凤楼",总高

图6-1 配天门
古代帝王祭祀岱庙需于此门前降舆,并于内黄幄中少憩盥手,再行祭祀之事。

图6-2 正阳门
是为岱庙的正门，门上有楼，名曰五凤楼。古代帝王来岱庙祭祀皆从此门而入。

045

图6-3 仁安门
是天贶殿前的最后一道门,明代时天贶殿即名曰"仁安殿"。

19米。人们以南方日中之气谓之正阳。屈原在《运游》中就有"餐六气而饮沉瀣长,漱正阳而含朝霞"之辞。古人以为正阳者,南方日中之气也,"平坦为朝霞,日中为正阳,夜半为沉瀣,日入为飞泉,天玄、地黄为六气"。正阳门之掖门的东西两侧又各辟一门,东曰"仰高",西曰"见大"。《论语》有"仰止弥高"之说,抬头望泰山之高,仰之而止,以应高山仰止之意;"见大"者,与仰高之意同。大、太古时通用,大山就是泰山,自古就有"山大莫大于泰山"的说法。城东西各辟一门,谓之东华门、西华门。华者,光彩也。东华门又叫青阳门,春为青阳,"气清而温阳",按五行方位的说法东方属春;西华门又叫素景门,阳光为景,素引申为白色,隐喻为西,与青阳相配。岱庙北辟一门曰厚载,又名后宰。厚载取自《周易》所说的"坤厚载物"之意。地因其广厚而能载万物,即所谓"地能生养至极,与天同也"。后宰,后即后土,也就是土地之主,与厚载意义相同。地属阴,这样就与正门——正阳门有了一阴一阳的对应关系。厚载门又称"鲁瞻门",《诗经》"泰山岩岩,鲁邦所瞻"是其所据,而岱顶又有瞻鲁台,可以说上、下呼应,山、庙一体。

配天门是岱庙中轴线上的第二道门。其名"配天",一方面含有"以德配天"的人文因素,而更重要的是取于古之所谓的"名岳配天"。在古代,国要有一山为其国之镇,州也要有一山为其州之镇。镇,安也。山因有着稳固、坚实的形体特征,故以山作镇,成为顺理成章的事情。而泰山又是中国的神山,足以配天,故康熙曾于二十三年(1684年)为泰山神赐额"配天作镇"。故人所说的"泰山安则天下安"就源于名山作镇的观念。在配天门,帝

图6-4 厚载门
是为岱庙的后门,由此门出即古代帝王封泰山的中路。

王祭祀岱庙时需降舆于前，入门内黄帷少憩，并盥手而入仁安门。

仁安门，是岱庙中轴线上的第三道门。"仁安"取自《论语·里仁篇》中的"仁者安仁"之语。如果说，"隆礼"是儒学表层结构的话，那么"贵仁"则是它的思想核心。以仁治天下，天下则安，便是这一道德观念的反映。结合配天之说，有泰山作镇，以仁施人，那么，天下则会大安。的确，社稷如能像泰山那么稳固长久，自是历代统治者所希冀的。帝王祭祀泰山神，出配天门要经仁安门而入天祝殿。明清之时，仁安门东西两侧引出廊庑，并环围于天祝殿的东西两侧，形成一个相对独立的廊院，成为岱庙的中心。

七、廟前望祭的參亭

泰山岱庙 | 庙前望祭的参亭

河山之美，各有其妙。而泰山的美，就在于它宏大的整体和谐。岱庙的美同样表现在多样与统一的关系之中。几千年来，泰山的古建筑始终是围绕"朝天"这一主题展开的。如果说，从通天街到岱庙是泰山"朝天"的前奏，那么，我们不妨说：遥参亭是岱庙的序曲。

遥参亭，旧名遥参门、草参门。原来门内有台，台上有亭，其亭重檐十六角。凡帝王有事于泰山者，必先于此瞻拜，再入岱庙举行隆重的祭祀大典。明代时将碧霞元君供奉于亭中屏鉴前。清代对遥参亭进行了拓建和改造，遂以元君殿为主体建筑，并置有配殿，而移亭于殿后，成为辅助建筑。现在的

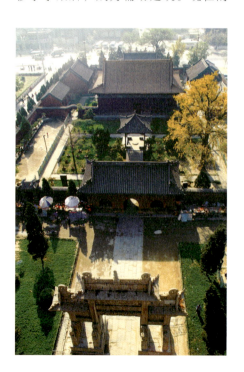

图7-1 遥参亭鸟瞰图（由北向南）
遥参亭位于岱庙前，是一较为方整的院落。下为岱庙坊。

图7-2 遥参亭正殿

遥参亭的主体建筑,前有露台,东西对称有配殿和厢房。1993年据碑刻记载复塑碧霞元君神像于殿中。

遥参亭，保留了清代的规模，为二进院落。山门、寨门、正殿、方亭、后门依次排列于通天街（御道）至岱庙的轴线上。正殿左右置配殿及厢房。正殿五间，前后带廊、歇山顶、上覆黄色琉璃瓦，殿内祀泰山奶奶——碧霞元君。东西配殿各三间，歇山顶，现已分别辟为《泰山民居复原陈列》、《泰山民俗概览》陈列室。正殿后的方亭，四柱攒尖顶，高7米，虽已没有往昔的峻嶒绮丽，倒也亭亭玉立。

遥参亭在建筑设计上与岱庙是相统一的，即严格按照轴线对称的形式来布局，主要建筑由轴线所贯通，其他建筑均对称于两侧。但作为相对独立的一个院落，与岱庙在空间大小和建筑尺度上起到了烘托对比的效果。岱庙域墙南北长406米，东西宽237米，而遥参亭围墙南北长66.2米，东西宽66米，这是一大一小的对比；岱庙内最高的建筑——天贶殿，高22.30米；遥参亭最高建筑正殿是13.20米，岱庙与遥参亭直接相对的建筑正阳门高19米，遥参亭后门高7.45米，这是高低的对比。正是遥参亭与岱庙的这种关系，有效地烘托出岱庙的宏大与雄壮。进入遥参亭，其空间相对狭小，门洞密集，而进

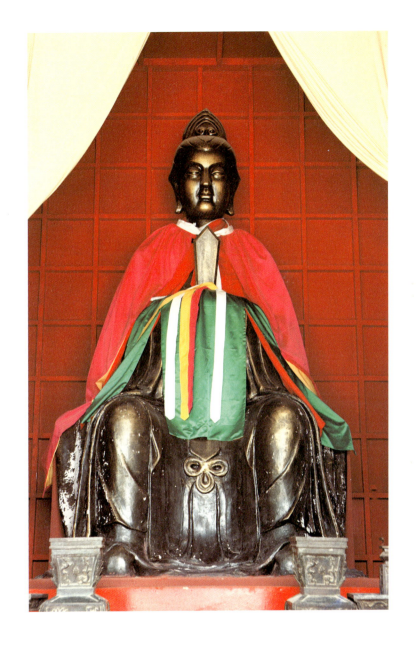

图7-3 碧霞元君像
祀于正殿中,在其左右两侧配祀有"眼光奶奶"、"送子娘娘"。碧霞元君,俗称泰山老母、泰山奶奶,被尊为万能之神,尤其在民间,其影响超过了东岳大帝。

图7-4 方亭

位于正殿后,四柱攒尖顶。据《岱史》卷九载:遥参亭"旧榜草参门,门中有台,台上有亭,重檐四面,十有六角,岐嶙绮丽"。

入正阳门后,空间豁然开朗,是欲放先收。出遥参亭届门首先见岱庙坊,就有一个宏伟的感觉,而看正阳门更有了高耸仰视的强烈感受了,其对比效果非常明显。由小而大,由低到高,由浅入深的处理手法,使得这座美丽而庄严的建筑群体主次分明,秩序井然。遥参亭是进入岱庙与泰山的序曲,穿过遥参亭庭院,那雄伟的岱庙和泰山乐章高潮便会陆续展现在观众的面前。

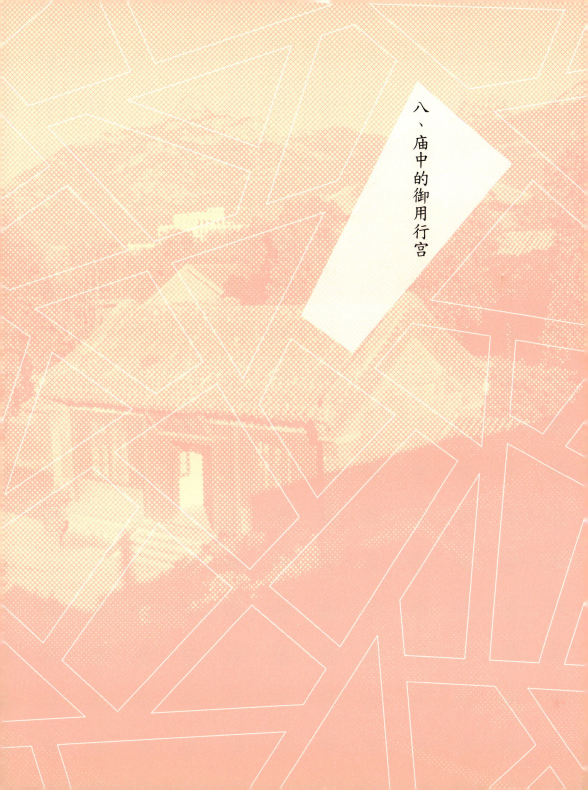

八、廟中的御用行宮

宫，原本是房屋的通称，秦汉之后成了帝王居所的通称，间或也有些寺庙以宫为名的。在岱庙内有一座古代帝王所居的行宫，因其位于东华门内，便谓之东御座。

东御座，旧称迎宾堂，创建于元代，是达官贵人的住憩之所。迎宾堂于清康熙间增置三茅殿，乾隆三十五年（1770年）拓建，改名驻跸亭，成为御用之宫。东御座是岱庙保存最为完整的一个院落。由大门、正房、厢房、环廊等组成。大门三间，卷棚硬山顶。大门南向，在其前有一个相对空旷的前院，院东为东华门，院西有垂花门，在两门之间设置有两个塞门，大门位于两个塞门之间。正房五间，

图8-1 东御座/前页
位于岱庙东华门内，是一座南向的四合院，偏居于中轴线以东，与岱庙中轴线上的建筑相比，颇具生活气息。

图8-2 塞门
东御座大门前的东西两侧均置有塞门，西塞门西为垂花门，东塞门东为东华门。

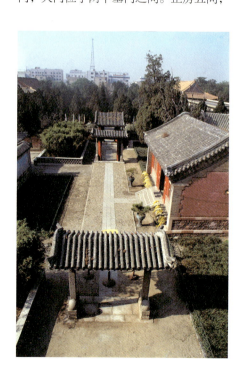

图8-3 东御座正房

东御座的主体建筑,前有露台,东西有耳室、厢房。现殿内据清代的设置进行了复原。

四柱六架梁，卷棚硬山顶带前廊，两侧附有耳房，东西厢房各三间，亦为卷棚硬山顶带前廊，正房、厢房、大门之间周连以廊庑。

"非令壮丽亡以重威"（《汉书·高帝记》）。无论规模、布局，还是形制，岱庙无不以雄伟壮丽的气势取胜。东御座作为岱庙的一个组成部分，也具有这样的特点，但与其他建筑，尤其是中轴线上的建筑相比，却又显得玲珑别致，表现出典雅幽静的艺术特色，我们不妨以"雄中藏秀"来点示它的意韵之所在。

在岱庙中，东御座是地势最高的一个院落，要入东御座还要经过若干个台阶，一重重的门，有着一种神秘而严肃的气氛。而正房位于高高的露台之上，满足了御用之宫贵而尊的需要，并在建筑的布局中保持了严格的均衡、对称的原则，不失庄重、威严之感。但东御座在与岱庙的整体氛围相统一、相和谐的前提下，以小代大，寓秀于雄，成功塑造了一个特殊的富有生活气息的空间，有着鲜明的个性。当你步入东御座大门，主体建筑——正房在露台上欲隐欲现于古松柏的枝叶之中，首先给人一种宁静清新的感受。在这里，一切都是那样普普通通。正房、厢房、大门均用灰瓦卷棚顶。建筑体量也不大，给人一种亲切感。露台几乎占了大半个院落，但却增加了空间的层次感。台上两株古柏高高耸立，苍翠欲滴。台下一株古松映翠，覆盖了露台下的半个院子。在正房东南的露台下，还植有一株古老的蜡梅，每当春季将至，黄花盛开，香溢满院，颇有一

图8-4 陈列室
正房与耳室配殿有内廊相连,东西厢房为泰山祭器陈列室,展出历代帝王进献泰山的礼品供器。

番诗情画意。而分列于露台台阶两侧著名的《泰刻石》、《青帝广生帝君之碑》又为这个小小的院落增添了一份典雅。东御座是岱庙最小的院落,由于颇具匠心的设计,却使人感觉不到狭窄,尤其是采用了"藏"的手法,相对增加了深邃感,同时正房、配房、大门之间均有廊庑相连,虚实结合,建筑空间与庭院空间混为一体,相对扩大了固有的空间。

为满足日益发展的旅游需要,东御座于1986年根据清代设置进行了复原陈列。正房明间,是帝王召见群臣的场所,两次间东为书房,西为寝室,东西两厢房陈列有历代帝王敬献泰山的祭祀供器。东御座现为岱庙的重要景点之一。

九、万代瞻仰的碑刻

自从有了文字，也便有了铭文的历史。陶文、甲骨文、钟鼎文是其早期阶段的产物，而铭文于石也不晚于战国，并在后世广泛流行。岱庙现存的秦以来历代碑碣刻石二百余通，素有"岱庙碑林"之称。

堪称天下第一铭刻的秦刻石是泰山现存最早的刻石，也是中国历史上最早的封禅纪功刻石。此刻石原立于岱顶，秦始皇于公元前219年登封泰山而立。公元前209年，二世胡亥又于此石再刻。其石四面环刻，均为李斯所书，铭文共计222个字，北宋大观年间尚有146字可识，到了明嘉靖年间就只存有二世刻文二十九个字了。清乾隆五年（1740年）因火灾，

图9-1 泰山秦刻石
位于东御座院内。碑面上部嵌秦二世刻石十个残字，下部为清道光、宣统年间的记事铭文。

图9-2 宋宣和重修泰岳庙记碑
/对面页
位于炳灵门前，其碑以规制宏大而著称。碑载：宣和重修后的岱庙，"凡为殿、寝、堂、阁、门、亭、库、馆、楼、观、廊、庑合八百一十有三楹。"

图9-3 明封东岳泰山之神碑
位于天贶殿西南碑台之上,是明太祖朱元璋所封泰山之神碑。

图9-4 清乾隆重修岱庙碑
位于天贶殿东南碑台之上,碑文铭有满汉两种文字,故而又称"满汉碑"。

刻石遂失。嘉庆二十年(1815年)寻得两块残石,存十个残字,嵌于"读碑亭"内。后亭圮,道光十二年(1832年)于瓦砾中觅得残石,并移立岱庙。谁知这残存十字的刻石,光绪十六年(1890年)又遭劫难,当时的泰安县令毛蜀云下令"大索十日石不得出境"。又幸得石于北门桥下,仍置岱庙。现存的十个残字,结体谨严,庄重端凝,似乎使人能感受到秦统一天下的气势。具有重要的历史价值与书法价值,正如清人所颂"零星两片石,卓越两千年"。

图9-5 宋宣和重修泰岳庙记碑/上图

图9-6 金重修东岳庙碑/下图

在中国碑刻中,其形制别具一格具有寓意之形象,可能莫过于岱庙的"双束碑"了。此碑立于唐高宗显庆六年(661年),为自唐高宗六帝一后来泰山建醮造像的记事碑。原立于岱岳观,后移岱庙。其碑双石并立,上覆九脊歇山状碑首,下承长方形碑座。碑首示天,碑座喻地,两石同制并立于其间,借喻帝后并立共掌天下;同时,看到此碑也使人联想到唐高宗与武则天的缠绵情恋,故后人又称之为"鸳鸯碑"。

说碑,人们自然会想到龟趺碑。岱庙最大的龟趺碑是宋《宣和重修泰岳庙记》碑,俗称"宣和碑",位于配天门东南炳灵门前,高9.25米,宽2.10米,螭首龟趺,立于宣和六年(1124年),其碑规制宏大,是岱庙诸碑之冠。与其东西对峙的配天门西南的《大宋东岳天齐仁圣帝碑》,俗称"祥符碑",高8.20米,宽2.17米,也为螭首龟趺,立于宋真宗大中祥符六年(1013年),是为宋真宗封泰山神为"仁圣天齐王"后,继而升封"天齐仁圣帝"的加封碑。宣和碑和祥符碑是岱庙的两大宋代丰碑。在其碑阴还分别刻有"万代瞻仰"、"五岳独宗"几个大字,这当然是在碑刻方面喜欢借巢下蛋的明代人所为。在岱庙宋代的碑刻还有《青帝广生帝君之碑》、《大宋封祀坛颂碑》、《大宋天贶殿碑铭》、《大观圣作之碑》等。图9-5至图9-9为岱庙宋代至清代龟趺碑龟首演化图。

图9-7 元太师泰安武穆王神道之碑/上图

图9-8 明封东岳泰山之神碑/下图

图9-9 清重修岱庙碑
由此可见龟首形象的演变

　　金元时期的碑刻，最有名的要算《大金重修东岳庙碑》。因此碑由杨伯仁撰文、黄久约书、党怀英篆额而有"金源一代金石之冠"之誉，又有着"三美"碑之称。元代碑以《太师泰安武穆王神道之碑》最宏大。高7.39米，宽1.79米，螭首趺龟，1979年移岱庙收藏。其他较有名的还有金《大定重修宣圣庙记碑》、《重修天封寺记碑》、元《东平府路宣慰张公登泰山记》、《重修东岳蒿里山神祠记》等。

　　明清时，较有代表性的是《封东岳泰山之神碑》，俗称"去封号"碑，此碑立于明洪武三年（1370年）。在朱元璋看来，为泰山神加封有亵渎神灵之疑，应正其名号，以"东岳泰山之神"为其名，故立碑以记。清乾隆《重修岱庙碑记》，因有满汉两种文字，而俗称"满汉碑"。明清碑刻，岱庙收藏较多，相对而言较著名的有明《东岳祝文碑》、《东岳泰山之神庙重修碑》、《五岳真形之图碑》、《汉柏图赞碑》，清《重修东岳庙记》、乾隆《谒岱庙诗碑》等。

在岱庙还收藏有部分与泰山没有直接关系的碑刻，也是岱庙碑林的重要组成部分。其中有弥足珍贵的汉《张迁碑》、《衡方碑》、晋《孙夫人碑》等。《张迁碑》（《汉故谷城长荡阴令张君表颂》），刻于东汉灵帝中平三年（186年）。此碑自明代发现后，为金石家、书法家所推崇，具有很高的书法价值。《衡方碑》（《汉故卫尉卿衡府君之碑》），刻于东汉灵帝建宁元年（168年），也为汉碑之佳品。而《孙夫人碑》（《晋任城太守夫人孙氏之碑》），刻于西晋泰始八年（272年）。晋代多短碣，此碑之高大且为夫人而立实不多见，被誉为晋代三大碑之一。

漫步于岱庙亭阁殿宇之间，古树名木之下，观赏历代碑刻，会使你强烈感到历史的回声和艺术的撞击。

十、阅尽沧桑的古树

有一位皇帝,在拜谒岱庙时为一株双干并立、凌空比秀的柏树所折服,"默识其状",回宫后"点笔成图",并赋诗以赞,后刻立《御制汉柏图赞》碑于树旁。这个皇帝就是十一次来泰山的乾隆,而这柏树,就是八次来泰山的汉武帝所植的连理柏。其柏双干,西干早年已枯,东干虽残留仅0.32米宽的树皮带,却仍枝繁叶翠,显示出顽强的生命力。双双并立、生死相依、连理情深。汉武帝同时所植的已具有2100多年树龄的古柏,在岱庙院内还尚存五株。由此一斑,即见岱庙古树之古。

关于岱庙古树的记载,首见于《水经注》中:"庙中柏树夹两阶,大二十余围,盖汉武

图10-1 《汉柏图赞》碑中的"汉柏连理"系清乾隆帝的御制图。

图10-2 汉柏
位于汉柏院内,左为"汉柏连理",右为"赤眉斧痕"

075

泰山岱庙　阅尽沧桑的古树

图10-3 汉柏中的"古柏老桧"
位于汉柏院内。凌空侧柏早年已枯，而桧柏却都生机盎然。

图10-4 唐槐抱子(对面页)
位于唐槐院内，树下即明代的"唐槐"题字碑及清代唐槐诗碑。

所植也。"而在汉武帝所植的这些柏树中，有一株还留下了一段历史故事。西汉末年，赤眉军来到岱庙，不知是出于对西汉统治的仇恨，还是有欲取木材，军士以斧砍伐，不料有朱红色的液体流出，吓坏了砍伐者，以为神树而作罢。这就是史书所载的"赤眉尝斫一树，见血而止。"事后此树便以"赤眉斧痕"名之。今呈朱红色的斧痕尚存，其树仍生长茂盛，干壮叶茂。

　　泰山最古老的桧树也在岱庙汉柏院内，同为汉武帝所植。它与一株侧柏同居一池，形成著名的"古柏老桧"景观。古柏早年已枯，但却高高挺立，姿态遒劲；而老桧虽历经沧桑，仍青翠依然，枝叶茂盛。此桧柏胸围4.9米，树冠10余米，但仅高3.23米。古柏老桧一高一低，真是生也峥嵘，死也峥嵘，相依根连根，阅尽沧桑年。

人们常以汉柏唐槐来赞誉岱庙树木之古老，岱庙内有两个即以古树命名的院落，东有汉柏院，西有唐槐院。上面所说的汉柏即在汉柏院，而在唐槐院就有一株著名的唐槐。这个院落，本名是延禧院，因为这里有奉祀延禧真人的殿。只因这株槐树的影响大了，于是人们便渐渐淡忘了原来的名字，而以唐槐院称之。《泰山小史》说：唐槐"大可数抱，枝干荫阶亩许"，现树下有明代万历年间所立的"唐槐"碑及清康熙年间所立的诗赞碑，其诗云"潇洒名山日丘长，烟霞为侣足徜徉，谁能欹枕清风夜，一任槐花满地香。"只惜民国初期，"驻军就其地饲马"，唐槐历经摧残，奄奄一息，1951年渐渐枯死，于次年在唐槐的枯干腹中又植一国槐，现已长成大树，每逢花期，倒也圆了"一任槐花满地香"的梦境，人们怀着对唐槐的迷恋，便称之为"唐槐抱子"。古槐已去，人们无可奈何，只有让这"怀中抱子"寄托着人们的思念。这也算是体现了一种"化作泥土更护花"的母爱精神吧。

图10-5 古盆景一角

在岱庙厚载门的东西两侧,有"素景"、"絷园"两花园,众多的松柏盆景却在百年以上。

岱庙现有300年以上的侧柏就有212株，加上其他种类的名木约300余株。历代都非常重视建筑空间中花草树木的栽植。仅康熙六年至十七年（1667—1678年）重修岱庙时，植柏树、杨树、槐树、白果、榆树等就达648株。如果说，岱庙的建筑显示出了皇宫的威严及帝王至尊的构思，那么密植于院落的古树名木渲染了这一建筑群应有的庄重和肃穆，达到了人文与自然有机的结合。

在众多的古树名木中，人们依据它的形体特征，或其所处的位置，给予画龙点睛的命名，更使其妙趣横生，自成一景。如"汉柏凌寒"、"苍龙吐虬"、"挂印封侯"、"灰鹤展翅"、"百凤朝岳"、"云列三台"、"龙升凤降"、"麒麟望月"、"十八罗汉"等，使人产生奇妙的幻觉和联翩的浮想。

岱庙还以泰山古盆景闻名，以小见大，气势雄浑，也自成一家。百年以上者多达百余盆，其中以"小六朝松"最为著名，已有600余年历史，堪称国宝。还有"紫云劲松"、"一品大夫"、"苍龙托云"、"秦松遗韵"、"岱岩叠翠"等也是不可多得的珍品。

十一、朝山告天的祭器

泰山岱庙 — 朝山告天的祭器

泰山是中国名山,是历史的山,文化的山;岱庙是泰山神的庙,是祭神的庙、祭天的庙。由于历史上祭祀习惯往往与自然崇拜有关,而祭天法古又几乎是每个王朝所信守的法制,故历代均重泰山祭祀。从部落酋长的原始崇拜到历代帝王的巡狩封禅,泰山始终是人间与上天对话的地方。祭泰山以告天,成为几千年来一成不变的大礼。古代的中国一向重礼,从"礼"的字形结构看,即是用物以媚神,故《说文解字》云:礼,"所以事神致福也。"于是在泰山便有了众多的祭祀礼器。一般将专用于泰山神灵祭祀的祭品、供器,统称为"泰山祭器"。

图11-1 黄釉青花葫芦瓶
清乾隆五十二年(1787年)御赐岱庙。通高22.5厘米,口径3.1厘米,底径6.3厘米,"大明嘉靖年制"楷书款。与温凉玉圭、沉香狮子同称为泰山"镇山三宝"。

图11-2 沉香狮子
清乾隆二十七年（1762年）御赐岱庙。其一高37.5厘米，长36.5厘米，重3.5公斤；其二高36厘米，长38厘米，重3.75公斤，为泰山"镇山三宝"之一。

图11-3 玉圭

清乾隆三十六年（1771年）御赐岱庙。全长92.5厘米，分为上下两块。用手抚摸，上、下有温凉之差，故又称作温凉玉圭，被誉为泰山"镇山三宝"之一。

泰山祭器一般均收藏于岱庙内。旧时就有神宝库以藏历代珍品宝器，有藏经堂以贮经文典诰。《水经注》曾引《从征记》说：泰山庙的下庙，即今之岱庙，"库中有汉时故乐器及神车木偶，皆靡密巧丽。又有两晋时期并列诸国之后赵（羯族）石虎建武十三年（347年）永贵侯张余上金马一匹，高二尺余，形制甚精。"这是有关库藏泰山祭器的最早记载，足见其收藏历史之悠久。

祭器不同于一般的器皿用具，是人们用以媚神的，它体现出人对神的崇敬心态。而泰山祭器，多是最高统治者敬献给泰山神的礼器，它既体现了统治者的意志，有着至高无上的精神象征；同时，又是一个时代科学技术与文化艺术的结晶。可以说，泰山祭器，从性质上说为泰山所独有，但无论是它的历史价值还是艺术价值，都远远超越了它的区域性与时代性。

泰山祭器，种类繁多。主要有铜器、瓷器、玉器、漆器、玻璃器、木制器、金银器、石印、服饰等。综合起来，泰山祭器有以下几个方面的特点：其一，独特性强，具有时代特点。泰山祭器为泰山所独有，既反映了中国不同历史时期的宗教祭祀制度的变化，又显示出泰山祭祀的特点。同时，由于泰山祭器多是统治者所献，通常代表了当时物质生产及科学技术的最高水平。其二，时代来源确切，遗存稀少。祭器绝大部分具有明确的时间、产地及所

图11-4 泥金法轮
清乾隆年间御赐岱庙。高28厘米，轮宽16.7厘米，底径11厘米。"大清乾隆年制"篆书款。

图11-5 红彩云龙贲巴壶
清乾隆年间御赐岱庙。高19.8厘米,口径7.5厘米,底径9.8厘米,"大清乾隆年制"篆书款。

献庙宇的记载。或有年款，或在皇宫档案及地方志中有详细记述，具有很高的历史研究价值。另外，泰山祭器作为一个特殊的品类，本来就少，加之历代均有损毁，故留存有限。其三，工艺制作精美。无论是造型、色彩、纹饰等，均制作精细，富丽堂皇，为同类物品所少见。无论从哪一方面说，泰山祭器，堪称国之瑰宝。

图11-6 珊瑚釉描金五供
清嘉庆年间御赐岱庙。香炉高27.2厘米，口径16.8厘米，"大清嘉庆年制"篆书款；香罐高11.6厘米，口径11.7厘米，底径15厘米；花觚高26.5厘米，口径15.2厘米，底径12.6厘米。

大事年表

朝代	年号	公元纪年	大事记
汉	元鼎六年	前111年	诏建泰山宫
	神爵元年	前61年	拓建泰山庙
隋	开皇十五年	595年	文帝巡行兖州,遂次岱岳祭天,"饰神庙,展宫悬于庭"
唐	开元十三年	725年	诏封泰山神为"天齐王",令所管崇饰祠庙
后晋	天福二年	937年	下诏祭告五岳,"量事修崇"岱岳祠
后周	广顺二年	952年	太祖至兖州,遣官祭岱庙
宋	建隆元年	960年	遣官祭泰山庙
	大中祥符元年	1008年	诏建天贶殿。诏封泰山神"天齐仁圣王"
	大中祥符六年	1013年	立"大宋东岳天齐仁圣帝"
	宣和四年	1122年	奉诏重修岱庙。宣和六年(1124年)立"宣和重修泰岳庙记碑"
金	大定十八年春	1178年	岱庙大火。"虽门墙俨若,而堂室荡然"
	大定十九年	1179年	诏修岱庙,二十一年(1181年)告成,"凡殿、寝、门、阆、亭、观、廊、庑、斋、库虽仍旧制,加壮丽焉。"二十二年(1182年)立"大金重修东岳庙碑"
	贞祐四年	1216年	庙毁于兵燹
元	至元三年	1266年	重修岱庙,"创构仁安殿"
	至元二十八年	1291年	元世祖降旨加封泰泰山神为"天齐大生仁圣帝",遣官诣岱庙致祭
	至正十三年	1353年	岱庙重修,"殿堂廊庑灿烂一新,又创为新堂五楹"
明	洪武三年	1370年	太祖下诏去泰山历代封号以"东岳泰山之神"为其名,立碑于岱庙,诏告天下

朝代	年号	公元纪年	大事记
明	弘治十六年	1503年	岱庙大修，当年竣工，"金碧辉映，庙貌森严"
	嘉靖二十六年	1547年	岱庙毁于火灾，"仅存寝宫及炳灵、延禧二殿"
	嘉靖三十三年七月	1554年	重修岱庙，历时十余月，次年告成
	万历二十年	1592年	神宗降旨颁发《道藏》一部于岱庙，现圣旨及部分《道藏》尚存
清	康熙六年	1667年	重修岱庙，次年竣工
	康熙七年	1668年	因地震岱庙十余处建筑"墙垣俱已坍塌"
	康熙十六年	1677年	重修岱庙告成，自殿、庑、斋、寝、门、堂以及垣堞、楼观均更新，并于庙前建岱庙坊
	康熙二十八年	1689年	康熙诣岱庙，率文武诸臣行礼
	乾隆十六年	1751年	乾隆南巡回京，与皇太后至泰山祀岱庙
	乾隆三十五年	1770年	乾隆敕令重修岱庙。并于遥参亭前建"遥参坊"
	乾隆五十五年	1790年	乾隆东巡至泰山，谒岱庙
中华民国	17年	1928年	岱庙城墙被拆毁，天贶殿壁画受到破坏。省府令岱庙辟为市场，天贶殿改为会场、剧场，配天门改为民众餐馆，仁安门改为货品陈列处，环咏亭、雨花道院改为旅馆，"古刻石碣，凿供石料"
	19年	1930年	因"中原大战"，岱庙成为兵营，是役岱庙壁画被"炮毁数处"
中华人民共和国		1950年	岱庙内设山东省古物保管委员会，其后逐渐修整恢复，并辟为博物馆

"中国精致建筑100"总编辑出版委员会

总策划：周　谊　刘慈慰　许钟荣
总主编：程里尧
副主编：王雪林
主　任：沈元勤　孙立波
执行副主任：张惠珍
委员（按姓氏笔画排序）

王伯扬　王莉慧　田　宏　朱象清　孙书妍
孙立波　杜志远　李建云　李根华　吴文侯
辛艺峰　沈元勤　张百平　张振光　张惠珍
陈伯超　赵　清　赵子宽　咸大庆　董苏华
魏　枫

图书在版编目（CIP）数据

泰山岱庙 / 刘慧撰文 / 莫忠江等摄影. —北京：中国建筑工业出版社，2013.10
（中国精致建筑100）
ISBN 978-7-112-15750-1

Ⅰ.①泰… Ⅱ.①刘…②莫… Ⅲ.①寺庙–古建筑–介绍–泰安市 Ⅳ.① K928.75

中国版本图书馆CIP数据核字（2013）第197076号

©中国建筑工业出版社

责任编辑：董苏华 张惠珍 孙立波
技术编辑：李建云 赵子宽
图片编辑：张振光
美术编辑：赵 清 康 羽
书籍设计：瀚清堂·赵 清 周伟伟 康 羽
责任校对：张慧丽 陈晶晶 关 健
图文统筹：廖晓明 孙 梅 骆毓华
责任印制：郭希增 臧红心
材料统筹：方承艺

中国精致建筑100

泰山岱庙

刘 慧 撰文 / 莫忠江 文其东 摄影

中国建筑工业出版社出版、发行（北京西郊百万庄）
各地新华书店、建筑书店经销
南京瀚清堂设计有限公司制版
北京顺诚彩色印刷有限公司印刷

开本：889×710 毫米 1/32 印张：$2^{7}/_{8}$ 插页：1 字数：123千字
2015年9月第一版 2015年9月第一次印刷
定价：**48.00**元
ISBN 978-7-112-15750-1
（24315）
版权所有 翻印必究
如有印装质量问题，可寄本社退换
（邮政编码100037）